AF586607

# CATALOGUE

DES

# TABLEAUX

## DES DIFFÉRENTES ÉCOLES

FORMANT LA

## Collection de feu M. le Comte de S.

ANCIEN PAIR DE FRANCE

DONT LA VENTE AURA LIEU

## HOTEL DROUOT

SALLE N° 7

Les Mardi 15, Mercredi 16 & Jeudi 17 Mai 1866

A DEUX HEURES

Par le ministère de **Me ESCRIBE,** Commissaire-Priseur,
rue Saint-Honoré, 217,
Assisté de **M. HORSIN DÉON,** Peintre, rue Chabanais, 1.

EXPOSITIONS { PARTICULIÈRE : le DIMANCHE 13 Mai 1866 ; PUBLIQUE : le LUNDI 14 Mai 1866 ; } De 1 à 5 heures.

PARIS
**RENOU & MAULDE**
IMPRIMEURS DE LA COMPAGNIE DES COMMISSAIRES-PRISEURS
Rue de Rivoli, 144.
**1866**

CE CATALOGUE SE TROUVE :

| | | |
|---|---|---|
| **A Paris**............ | Chez MM. | EUGÈNE ESCRIBE, Commissaire-Priseur, rue St-Honoré, 217. |
| **Id.** ............ | — | HORSIN DÉON, peintre, rue Chabanais, 1. |
| **Londres**.......... | — | COLNAGHI, Pall-Mall-East, 14. |
| **Id.** .......... | — | John WEBB, Cork-Street-Burlington-Garden, 22. |
| **Id.** .......... | — | N. DURLACHER, New-Bond-Street, 113. |
| **Id.** .......... | — | ANNOOT, Old-Bond-Street, 16. |
| **Id.** .......... | — | GAMBART, Pall-Mall, 120. |
| **Bruxelles**......... | — | Étienne LEROY, place du Gd-Sablon, 12. |
| **Rotterdam**....... | — | LAMME, conservateur du Musée. |
| **La Haye**.......... | — | Van GOGH, marchand d'Estampes. |
| **Berlin**............ | — | FIOCATI, Unter den Linden, 21. |
| **Id.** ............ | — | LEPKÉ, Unter den Linden, 12. |
| **Vienne**........... | — | ARTARIA et Cie. |
| **Id.** ........... | — | Maison GOUPIL, représent. M. KAESER. |
| **Francfort-s.-Mein.** | — | LŒWENSTEIN frères, ZEIL. |

## CONDITIONS DE LA VENTE

Elle sera faite au comptant.

Les Acquéreurs paieront CINQ POUR CENT en sus des adjudications.

La Collection que nous livrons aux enchères est anciennement formée. Quelques Tableaux, il est vrai, y ont été ajoutés dans ces derniers temps, mais ils sont en petit nombre et n'altèrent en rien son ensemble général.

Le désir de la famille étant de conserver le Catalogue tel qu'il a été rédigé par M. de S***, ainsi que de présenter sa Collection en vente selon qu'il l'entendait de son vivant, nous avons accédé à ces vœux, nous en remettant entièrement aux appréciations éclairées de Messieurs les Amateurs et Spéculateurs, en les assurant toutefois de la modestie de nos Clients et de la modération de leurs prétentions; nous nous réservons, du reste, de faire, s'il y a lieu, toutes rectifications le jour de la Vente.

HORSIN DÉON.

# DÉSIGNATION

DES

# TABLEAUX

## ÉCOLE ITALIENNE

### LE BASSAN (Jacopo da Ponte)

(Né en 1510, mort en 1592.—École vénitienne.)

1 — Un Ange annonce aux Bergers la naissance du Sauveur.

Haut. 86 c. Larg. 1 m. 12 c.

2 — Moissonneurs.

Le peintre a égayé ce tableau par une petite scène qui se passe à gauche, des paysans viennent de trouver un nid d'oiseaux dans les blés.

H. 42 c. L. 58 c.

### BONIFAZIO

(Né vers 1500, mort en 1562.—École vénitienne.)

3 — Portrait de Mocénigo.

Bonifacio, élève du Titien, avait étudié sa manière de préférence à celle des autres peintres, et l'a imité quelquefois, comme dans ce beau portrait, avec beaucoup de bonheur.

H. 72 c. L. 61 c.

## CANALETTI (Antonio-Canale, dit)

(Né en 1697, mort en 1768.—École vénitienne.)

4 — Vüe de Venise.

Grande et belle page de ce maître.

H. 62 c. L. 82 c.

## CARAVAGE (Michel-Angiolo-Amerighi, dit le)

(Né en 1569, mort en 1609.—École lombarde.)

5 — Nature morte : Tapis, Ornements, Orfévrerie, etc.

Les effets hardis et puissants de ce tableau peuvent sans crainte être présentés comme ce que la peinture peut obtenir de plus brillant.

H. 1 m. L. 1 m. 58 c.

## CARRACHE (Annibal)

(Né en 1560, mort en 1609.—École bolonaise.)

6 — Hérodias.

L'expression des trois têtes est admirable. L'opposition entre la brute férocité du bourreau et la joie plus sombre dont la figure supérieure d'Hérodias laisse pénétrer toute la froide profondeur, est frappante. Le texte évangélique porte : « La fille d'Hérodias reçut la tête de Jean-Baptiste et la donna à sa mère. » C'est évidemment cette dernière qui est ici représentée, et non la jeune fille qui avait dansé devant Hérode. Ainsi le peintre s'est un peu écarté du texte.

H. 95 c. L. 1 m. 35 c.

## CARRACHE (Augustin)

(Né en 1558, mort en 1601.—École bolonaise.)

7 — La Vierge et l'Enfant Jésus. (Esquisse.)

Sur un simple frotté de bitume ou de terre de Cassel, l'expression est obtenue. Cette esquisse est un livre ouvert pour indiquer ce que doit être une ébauche avancée.

H. 38 c. L. 28 c.

## CORRÉGE (Antonio-Allégri, dit le)

(Né en 1494, mort en 1534.—École lombarde.)

8 — Scène de la Passion.

« Alors les disciples l'abandonnèrent et s'enfuirent tous. Un certain jeune homme qui le suivait, couvert seulement d'un linceuil, fut pris, mais il laissa aller le linceuil et s'échappa tout nud de leurs mains. » (*Ev. saint Marc*, ch. XIV, v. 50, 51, 52.)

Cette peinture est rare et précieuse; il serait difficile de pousser plus loin le fini du travail et sa perfection.

H. 56 c. L. 47 c.

9 — Cléopâtre.

L'union du désespoir et d'une fière grandeur est empreinte sur la noble tête de l'amante d'Antoine, au moment où elle va se donner la mort plutôt que de subir l'humiliation de la captivité.

H. 80 c. L. 64 c.

10 — Adoration des Bergers.

La Nuit du Corrége, de la galerie de Dresde, est le chef-d'œuvre du maître. Ici le peintre, qui semble être plusieurs fois revenu sur le même sujet de la naissance de l'Enfant Jésus, le présente tout différemment, mais il y a comme une sorte d'analogie de pensée et de lumière.

H. 73 c. L. 98 c.

## CRESPI (Guiseppe-Maria, dit lo Spagnolo)

(Né en 1565, mort en 1645.—École bolonaise.)

11 — Marche d'enfants.

Celui qui est monté sur une chèvre semble être Bacchus. Des suivants et des Amours l'accompagnent.

H. 39 c. L. 51 c.

## DOLCI (Carlo)

(Né en 1616, mort en 1686.—École florentine.)

12 — Sainte Catherine.

Précieuse peinture.

H. 24 c. L. 18 c.

## DOMINIQUIN (Zampiéri, dit le)

(Né en 1581, mort en 1641.—École bolonaise.)

13 — Sainte Catherine, de Gênes.

Dans l'expression dela figure de la sainte, le Dominiquin a éminemment déployé les qualités qui lui son propres. Il y a atteint toute la sublimité du sentiment de la douleur religieuse. Cette tête vraiment digne de l'âme du peintre de la Communion de saint Jérôme, pénètre et arrache les larmes.

H. 90 c. L. 75 c.

14 — Sainte Catherine à la Roue.

Il y a là du grandiose de la Sibylle du Dominiquin. La suave douceur de l'expression appartient bien à la sainteté du sujet. Le costume et les accessoires sont riches et harmonieux.

H. 70 c. L. 60 c.

## GUARDI (Francesco)

(Né en 1712, mort en 1713.—École vénitienne.)

15 — Paysage.

Les paysages de Guardi sont plus rares que ses marines et ses vues de Venise, dans lesquelles il a presque égalé Canaletti, son maitre.

H. 75 c. L. 95 c.

## GUERCHIN (Barbieri, dit le)

(Né en 1591, mort en 1666.—École bolonaise.)

16 — La Vierge et l'Enfant Jésus debout.

Expression noble et douce.

H. 1 m. 16 c. L. 60 c.

17 — Deux Vieillards.

Un homme âgé et malade est tombé en faiblesse. Une vieille femme qui l'assiste lui fait respirer l'odeur d'une plume brûlée pour le faire revenir. L'intérêt compatissant s'attache à cette scène si simple.

H. 93 c. L. 68 c.

18 — Moïse préservé des eaux.

H. 75 c. L. 71 c.

## LE GUIDE (Guido Reni)

Né en 1575, mort en 1640.—École bolonaise.)

### 19 — La Fortune passant rapidement sur la terre.

Elle tient d'une main un sceptre et des palmes, et de l'autre elle renverse une bourse d'où s'échappent des pièces d'or.

Un Amour cherche à l'arrêter et n'y peut parvenir. Ce tableau fut rapporté en France par Stella. Il existait au Musée de Vienne une figure analogue du Guide avec quelques différences. Cette dernière tient une couronne à la main à la place d'une bourse. Ce sont évidemment deux tableaux du même peintre, qui a introduit quelques changements de l'un à l'autre. Ce tableau, fait en deux originaux, l'un à la bourse et l'autre à la couronne en main, a été souvent reproduit, mais aucune de ces copies, que nous sachions, ne mérite d'attention. Les deux originaux, dont l'un des deux serait celui qui est décrit ici, sont admirables.

H. 1 m. 50 c. L. 1 m. 22 c.

### 20 — La Fuite en Égypte.

Naïf et gracieux tableau. Il y a dans les figures de la Vierge et de l'Enfant un abandon simple qui a quelque chose d'attachant. Le soir semble l'heure du départ.

H. 77 c. L. 97 c.

### 21 — L'Annonciation.

Ce tableau présente la Sainte Vierge dans une pose d'une humilité profonde. L'ange est rempli d'un saint respect. Tout est disposé pour faire impression dans cette composition.

H. 1 m. 2 c. L. 1 m. 34 c.

### 22 — Le Sommeil de Jésus.

La Vierge le contemple remplie d'attention et de recueillement; douceur, grâce, naturel exquis dans les poses.

H. 65 c. L. 80 c.

### 23 — Ecce Homo.

Le sujet a été traité par bien des grands peintres. La figure du Christ est ici remarquable par l'expression de profonde douceur qui se soumet à ses bourreaux. Le coloris usé par le temps est encore digne des éloges de ceux qui le contemplent.

H. 72 c. L. 52 c.

## JULES ROMAIN (Giulio-Pippi, dit)

(Né en 1499, mort en 1546.—École romaine.)

24 — Une Chasse (style héroïque).

(Dessin à la gouache.)

H. 28 c. L. 48 c.

## LAURI (Filippo)

(Né en 1623, mort en 1694.—École romaine.)

25 — Saint Jérôme.

Les mains croisées sur la poitrine, il élève les yeux au ciel dans la prière. L'expression est belle et sentie.

H. 72 c. L. 52 c.

## LUINI (Bernardini)

(Né en 1460, vivait encore en 1530.)

26 — La Vierge, l'Enfant Jésus et le petit saint Jean.

L'attitude des enfants est une reminiscence évidente du tableau n° 43. de Léonard de Vinci, qui fut le maître de Luini. Le peintre a ajouté la gracieuse figure de la Vierge, qui est entièrement de lui, et dont le caractère naïf, quoiqu'un peu guindé, comme le sont souvent les peintures du commencement de la Renaissance, suffirait à en fixer la date et vaut signature. Les tableaux de Luini sont fort rares dans les galeries françaises.

H. 70 c. L. 55 c.

## MARATTE (Carle)

(Né en 1625, mort en 1713.—École romaine.)

27 — Adoration des Bergers.

Il serait intéressant de comparer les diverses Vierges de cette collection. Chacune a un mérite particulier, mais toutes ont un sentiment de piété et de dignité trop peu conservé dans les peintures religieuses modernes, malgré les qualités qu'elles possèdent. Ici, a lumière émane de l'Enfant Jésus, il la répand autour de lui comme étant la source de la clarté et de la vérité.

Hl 75 c. L. 1 m.

## MARATTE (Carle)

28 — La Sainte Vierge. (Forme ovale.)

H. 41 c. L. 33 .

28 bis — L'Ange Gabriel.

Ces deux agréables pendants forment l'*Annonciation*, et ne peuvent être séparés.

H. 41 c. L. 33 c.

## MICHEL-ANGE (Buonarotti)

(Né en 1474, mort en 1563.—École florentine.)

29 — Le Christ descendu de la croix.

Les fragments qui existent encore de la main qui a peint le Jugement dernier et les plafonds de la Chapelle Sixtine, sont aujourd'hui très-exceptionnels. Le Christ descendu de la croix est un des précieux restes de Michel-Ange, qui a laissé plus de sculptures et de fresques que de tableaux à l'huile. La représentation de la mort est ici rendue avec la plus terrible vérité. Ceux qui n'auraient pas assisté aux derniers moments d'un mourant peuvent, après avoir contemplé ce tableau, dire qu'ils ont vu la mort. Le panneau brisé est soutenu par une véritable charpente. Bien que malheureusement endommagé en plusieurs endroits, il n'en reste pas moins un des morceaux les plus curieux pour l'art. L'ancien cadre, tombé littéralement en poussière, à dû être remplacé par un nouveau auquel on a cherché à donner le plus possible la conformité de style avec l'ancien.

H. 87 c. L. 1 m. 12 c.

29 — Supplice d'un martyr.

Ce tableau, dont l'origiue est restée inconnue, a été attribué à Michel-Ange et est très-digne de lui. L'expression de toutes les figures, l'énergie du martyr et la savante hardiesse du dessin sont de ce style si élevé qu'on a vu Ingres chercher dans son saint Symphorien.

H. 1 m. 13 c. L. 82 c.

## OHUNI

**31** — Portrait du roi Victor-Amédée III, roi de Sardaigne, peint par Ohuni, premier peintre de la cour.

Telle était l'inscription écrite sur le dos du tableau, mais couverte depuis par la toile de soutien dont il a eu besoin.

H. 1 m. 26 c. L. 1 m. 12 c.

## PARMESAN (Francesco-Mazzola, dit le)

(Né en 1416, mort en 1537.—École Lombarde.)

**32** — Sainte Famille.

On reconnaît à la première inspection la manière du Parmesan, le coloris tout à lui. Le caractère des têtes est plein d'intention, et transporte dans le pays même où la scène se passe.

H. 1 m. 08 c. L. 86 c.

## PRIMATICE (Francesco)

(Né en 1604, mort en 1570.—École romaine.)

**33** — Diane de Poitiers, célèbre maîtresse de Henri II.

Elle a été souvent représentée en Diane avec les attributs de cette déesse, l'idéalisant sous ces formes mythologiques en s'écartant peut-être parfois de la vérité exacte. Ici, au contraire, tout porte le caractère de vérité telle qu'elle était, et le petit croissant qui couronne sa coiffure, ainsi que la tête de chien, se rapportent à son nom, sans prétendre en rien changer sa figure. En ce point, ce tableau est fort intéressant. Ce tableau a fait partie de la galerie de M. de Broukère.

H. 71 c. L 58 c.

## RAPHAEL SANZIO D'URBINO

(Né en 1463, mort en 1520. — École Romaine.)

**34** — Sommeil de l'Enfant Jésus.

La Vierge, saint Joseph et les anges le contemplent. Cette peinture, du maître, en a toutes les qualités, beau fini, douceur, expression pure et idéale, conservation rare et précieuse. Qu'aurait-on à ajouter quand on a devant soi le maître des maîtres ?

H. 60 c. L. 72 c.

## RAPHAEL, ENFANT (Attribué à)

*(Suivant la Notice ancienne de cette Galerie.)*

35 — La Vierge, l'Enfant Jésus et saint Jean.

H. 55 c. L. 47 c.

## SALVATOR ROSA

(Né en 1615, mort en 1673. — École napolitaine.)

36 — Marine : Vue d'un port de mer.

H. 90 c. L. 1 m. 23 c.

37 — Petit Paysage : une Ville vue à vol d'oiseau ; effet de lune.

La grande finesse des détails, la touche légère et accentuée font de ce tableau un objet d'un effet piquant.

H. 41 c. L. 53 c.

## SARTO (ANDREA DEL)

(Né en 1488, mort en 1530. — École florentine.)

38 — La Vierge, l'Enfant Jésus et saint Jean.

La figure de la Vierge est surtout très-remarquable. La grandeur du style et l'intégrité de la peinture comme conservation ajoutent leur prix aux autres beautés de ce tableau.

H. 60 c. L. 75 c.

## SASSO FERRATO (GIOVANI-BAPTISTA-SALVI, dit)

(Né en 1505, mort en 1685.)

39 — Vierge, les mains jointes.

L'expression pieuse et douce que ce peintre sait donner à ses Vierges se retrouve toute entière dans celle-ci.

H. 33 c. L. 24 c.

## TINTORET (Robusto, dit le)

(Né en 1512, mort en 1594. — École vénitienne.

**40** — Esquisse d'une bataille.

Le peintre, pour se rendre compte des dessous de son tableau, a commencé par étudier les poses académiques et l'anatomie des combattants. Cette page curieuse est en petit ce que nous donnent les cartons des maîtres. La chaleur de l'action, la pureté du dessin, la couleur harmonieuse et sentie font pressentir quelle sera l'exécution. C'est un rare morceau.

H. 25 c. L. 1 m. 25 c.

## TITIEN (Tiziano-Vecellio, dit le)

(Né en 1477, mort en 1576. — École vénitienne.)

**41** — Saint Sébastien.

Une sainte femme retire une flèche du corps de saint Sébastien pour recueillir une goutte du sang du martyr. Le saint vit encore, mais la pensée du ciel occupe seule les deux personnages.

H. 1 m. 28 c. L. 95 c.

## VASSARI (Giorgio)

(Né en 1512, mort en 1574. — École florentine.)

**42** — La Vierge, l'Enfant Jésus et saint Jean.

L'Enfant Jésus dort paisiblement dans une attitude où l'enfance seule pourrait dormir. La Vierge respecte en silence son sommeil sans chercher à le placer différemment. Saint Jean écoute. Les tons sont bien conservés, et dans la simplicité des teintes il y a une entente et une harmonie qui plaît.

H. 93 c. L. 73 c.

## VINCI (Léonard de)

(Né en 1452, mort en 1519. — École florentine.)

**43** — Deux Enfants s'embrassant.

Soit qu'on regarde ce tableau comme représentant le petit Jésus et saint Jean, ou simplement comme un tableau symbolique représentan l'Amour et l'Amitié, on reconnaîtra le charme de la composition. Le précieux fini de l'exécution ajoute un attrait de plus. Comme on l'a dit au n° 26, Luini, qui répétait assez souvent Léonard de Vinci, son maître, reproduit quelques-uns des détails de ce tableau. Mais les différences son aussi faciles à observer que les détails imités.

H. 66 c. Larg. 49 c.

## VINCI (LÉONARD DE)

**44 — Saint Sébastien.**

Cette belle figure est à la fois une étude la plus étendue du corps humain.

H. 86 c. L. 75 c.

**45 — La Vierge.**

Vêtue de la robe rouge et du manteau bleu, la Vierge tient la tête et les yeux baissés. Rien de plus simple et de plus suave.

H. 73 c. L. 59 c.

---

# ÉCOLE ESPAGNOLE

## MURILLO (BARTOLOMEO-ESTEBAN)

(Né en 1618, mort en 1682.)

**46 — Le Christ enseignant.**

Assis sur les nuages, des chérubins l'entourent. Ce tableau est de la deuxième manière du maître, dite la chaude. Cette couleur puissante, presque heurtée, est d'un effet et d'une expression frappante. Il y a quelque chose de grand, mais d'étrange, dans ce tableau.

H. 1 m. 32 c. L. 98 c.

**47 — L'Ange Gabriel.**

L'Archange, revêtu de son armure céleste, semble en extase. Sa mission est d'annoncer les grâces de Dieu. Il s'apprête à la remplir. L'idéal domine dans cette composition dont la couleur est aussi appropriée à ce sujet mystique.

H. 75 c. L. 61 ,

## MURILLO (École de)

### 48 — Jeune Garçon.

Il tient sur un doigt de sa main droite un oiseau apprivoisé. Ce tableau, parlant de vérité, est plein de vigueur de coloris et d'une belle touche. Rien n'est mieux rendu que la lourdeur gauche de la main qui porte le panier. Elle suffit à faire reconnaître à quelle classe sociale appartient ce jeune garçon.

H. 72 c. L. 59 c.

## RIBÉRA (JUSEF DE), dit L'ESPAGNOLET

(Né en 1588, mort en 1656.)

### 49 — David tenant la tête de Goliath.

Cette figure est de la plus grande puissance de couleur. Le maître est là dans toutes les qualités qui le distinguent.

H. 1 m. 26 c. L. 93 c.

### 50 — Saint Jérôme.

On peut regarder ce tableau comme pendant du précédent.

H. 1 m. 20 c. L. 90 c.

### 51 — Le Biribiso.

Ribera est plus connu en France par les grandes figures que par les ouvrages de la nature de celui-ci. Cette scène populaire, ce jeu où chaque personnage semble attaché, est d'un pinceau très-remarquable. Ces touches fermes, vives, accentuées, pétillent d'esprit et sont de l'effet le plus piquant. C'est une chose rare que ce tableau.

H. 64 c. L. 50 c.

## VÉLASQUEZ (DON DIÉGO-RODRIGUE DE SILVA)

(Né en 1599, mort en 1660.)

### 52 — Jeune Seigneur.

A la blancheur de sa peau, on voit non un Espagnol, mais un jeune seigneur peut-être des Pays-Bas. Le costume avait peu varié dans les cours étrangères et rappelait encore celui des derniers Valois.

H. 54 c. L. 43 c.

## VÉLASQUEZ (Don Diégo-Rodrigue de Silva)

### 53 — Philippe IV, roi d'Espagne.

Le pinceau brillant de Vélasquez se retrouve dans cette belle tête historique d'un grand effet.

H. 54 c. L. 42 c.

### 54 — Une Fille de Henri IV.

Cette princesse est certainement la dernière des filles du roi, qui devint reine d'Angleterre par son mariage avec l'infortuné Charles Ier. Vélasquez, encore fort jeune, s'élevait déjà au-dessus des autres peintres de son pays à cette époque. La faveur du roi d'Espagne l'environnait. Il peignit cette jeune princesse encore presque enfant; mais les autres filles de Henri le Grand eussent été alors plus âgées. La perfection du pinceau de Vélasquez se retrouve ici.

H. 82 c. L. 67 c.

### 55 — Portrait d'un jeune Enfant de douze à quatorze ans.

Ce portrait était joint à celui de Gabriel d'Estrées de Porbus, décrit ci-après, n° 117. On croit que c'est celui du célèbre duc de Vendôme, petit-fils de Gabrielle. L'on doit donner les mêmes éloges que pour le portrait précédent.

H. 64 c. L. 51 c.

## ÉCOLE ESPAGNOLE

### 56 — Copie très-fidèle, attribuée à Vélasquez, de la célèbre sainte Gertrude, image miraculeuse si vénérée en Espagne.



H. 63 c. L. 48 c.

# ÉCOLES ALLEMANDE, FLAMANDE & HOLLANDAISE

## BALEN (Henrick van)

(Né en 1560, mort en 1632. — École flamande.)

57 — Jeux d'enfants (sur cuivre).

H. 46 c. L. 65 c.

## BERGHEM

(Né en 1624, mort en 1683. — École hollandaise.)

58 — Paysage.

Une femme à droite avec une vache et des moutons ; un berger couché occupe le milieu du tableau. Peinture délicate et fine. Ce tableau, qui fut acquis directement en Belgique, n'a souffert aucune altération d'aucun genre.

H. 25 c. L. 33 c.

59 — Paysage.

Ce tableau représente des animaux en partie couchés. Effet du soir.

60 — Paysage : Voûte ouverte sous des rochers auprès de laquelle sont des mulets chargés ; effet du soir.

H. 56 c. L. 47 c.

## BERGEN (Dirk van)

(Né , mort vers 1680. — École hollandaise.)

61 — Paysage : petit Berger avec des animaux.

H. 30 c. L. 38 c.

62 — Paysage (pendant du précédent).

Bergères avec des moutons et des vaches.

H. 30 c. L. 38 c.

## BOTH (Jan), dit Both d'Italie

(Né en 1610, mort en 1650.)

63 — Paysage.

A droite, château; sur le devant, un pont rustique.

H. 46 c. L. 40 c.

## BRAUWER (Adrien)

(Né en 1608, mort en 1640.)

64 — Un petit Buveur.

Les tableaux de ce maître sont très-rares. Brauwer était le maître de Téniers et ses tableaux sont aussi recherchés que ceux de ce dernier.

H. 17 c. L. 15 c.

## BRÉDA (Johann van)

(Né en 1683, mort an 1750. — École flamande.)

65 — Le Coup de feu.

Petit tableau plein de délicatesse et de légèreté; les tons sont d'une suavité vaporeuse.

H. 31 c. L. 22 c.

## BRIDEL (Chevalier de)

(Né . — École flamande.)

66 — Escarmouche de cavalerie.

Finement touché. La scène est pleine de mouvement.

H. 16 c. L. 23 c.

67 — Seconde Escarmouche de cavalerie (pendant du tableau précédent).

H. 16 c. L. 22 c.

## BRIL (Paul)

(Né en 1554, mort en 1626. — École flamande.)

68 — Paysage : site montagneux et accidenté.

H. 50 c. L. 60 c.

69 — Paysage : la Mort d'Abel.

Petit cuivre avec les qualités du maître.

H. 12 c. L. 17 c.

## CHAMPAIGNE (Philippe de)

(Né en 1602, mort en 1674. — École flamande.)

70 — Portrait d'homme vêtu de noir.

Cette peinture nourrie, suave et légère, possède toutes les qualités du maître.

H. 72 c. L. 58 c.

## CUYP (A. Albert)

(Il vivait encore en 1672. — École hollandaise.)

71 — Paysage : Vaches couchées.

Derrière elles est une maison. Effet du soir.

H. 40 c. L. 50 c.

## DENETTE (Élève de Rubens)

(Né . — École flamande.)

72 — La Sieste.

La suave harmonie répandue sur ce tableau rend l'ensemble très-agréable. La chaleur du jour commence à baisser; plusieurs groupes de personnages qui, couchés çà et là dans la campagne, sortent de l'assoupissement du sommeil pour reprendre leur travail inachevé. Cette composition, qui a quelque chose du caractère allégoriqu', est d'un très-bon effet.

H. 67 c. L. 77 c.

## DEHEEM (David)

(Né en 1600, mort en 1674. — École hollandaise.)

73 — Fruits.

H. 50 c. L. 61 c.

74 — Légumes.

Ce tableau peut faire pendant du précédent, quoiqu'il y ait une petite différence de mesure.

H. 65 c. L. 72 c.

## DIÉTRICK ou DIÉTRICI (Christian Wilhelm-Ernst)

(Né en 1712, mort en 1774. — École allemande.)

75 — L'Impératrice Marie-Thérèse d'Autriche, reine de Hongrie, mère de Marie-Antoinette.

Cette illustre princesse, aussi bonne que grande, est représentée avec les insignes de ses couronnes. Peinture d'un bel empâtement et dont tous les détails sont exécutés avec soin.

H. 95 c. L. 75 c.

## DOES (van der)

(Né en , mort . — École flamande.)

76 — Paysage : une Bergère gardant des moutons.

H. 28 c. L. 31 c.

## DICK (Anton van)

(Né en 1555, mort en 1641. — École flamande.)

77 — Madeleine.

Cette figure est pleine de charme et de suavité. Il est de tradition que l'abbé Carrière, grand collectionneur du commencement du siècle, à qui ce tableau appartenait ainsi que plusieurs autres de cette galerie, en refusa 20,000 fr. Il ne fut vendu par les héritiers qu'après sa mort.

H. 1 m. 15 c. L. 1 m. 65 c.

## DICK (ANTON NAN)

### 78 — Le Mariage de sainte Catherine.

Ce sujet mystique a été traité par plusieurs grands peintres. La manière dont Van Dyck l'a conçu est infiniment gracieuse. Comme on peut le remarquer, ce tableau n'a pas été conduit par le peintre à l'état d'une œuvre achevée. Il n'est guère au-delà d'une ébauche. Mais que de nuances bien senties s'y trouvent réunies! Un parfum de pureté et de douceur repose sur les deux figures de la Vierge et de la sainte. et cependant le caractère en est très-différent. L'attitude de sainte Catherine témoigne de l'humble confusion qu'elle ressent de la grâce qui lui est faite. Le sourire plein de bonté de la Vierge indique qu'elle s'unit à la volonté du divin Enfant qui tourne vers elle son regard expressif comme pour demander son consentement.

H. 105 c. L. 73 c.

### 79 — Dame hollandaise.

La parfaite vérité de ce tableau n'a recours à aucun accessoire. Rien n'est plus simple; le bien rendu se suffit à lui-même.

H. 65 c. L. 62 c.

## EICH OU EYCK (JAN VAN)

(Né vers 1390, mort en 1441. — École flamande.)

### 80 — Madeleine en prière.

La tête est entourée de rayons dorés qui se posent sur une couronne. Elle est couverte d'une natte pour tout vêtement. Petit tableau, d'une touche fine et suave.

H. 21 c. L. 18 c.

## EICKENS

(Vivait à la fin du XVII$^e$ siècle. — École flamande.)

### 81 — Village où des paysans se groupent et dansent.

Le ton du tableau est un peu conventionnel; mais les détails sont soignés et fins.

H. 33 c. L. 41 c.

## ENGHELBRECHISEN

(Né en mort en — École hollandaise.)

82 — Un Vieillard endormi sous un abri de feuillage.

H. 24 c. L. 28 c.

## EVERDINGEN (Albert van)

(Né en 1621, mort en 1675. — École hollandaise.)

83 — Quelques Voyageurs gravissent avec difficulté un site où les rochers s'accumulent, et qui rappelle les contrées sauvages où le peintre voyagea dans le nord.

H. 82 c. L. 64 c.

## FILICUS (Jan)

(Né en 1660, mort en 1719. — École hollandaise.)

84 — Chevaux dans une écurie.

H. 21 c. L. 27 c.

## FRANCK LE JEUNE (Franz)

(Né en 1544, mort en 1616. — École flamande.)

85 — Jésus montant au Calvaire et portant sa croix.

Ce tableau renfermant une foule de figures, est une très-fine et très-intéressante peinture.

H. 67 c. L. 47 c.

## GRIEF (Anton)

(Vivait au milieu du xviie siècle. — École flamande.)

86 — Petit Tableau représentant des Chiens et du Gibier.

H. 18 c. L. 22 c.

87 — Petit Pendant du précédent.

H. 18 c. L. 22 c.

## HELMAN (VAN)

(Né — École.)

88 — Fumeurs autour d'une table.

Touche fine et légère.

H. 32 c. L. 25 c.

## HECKNOUT (GUERBRANDT VAN DEN)

(Né en 1020, mort en 1674.)

89 – Son portrait, peint par lui-même.

H. 70 c. L. 60 c.

## HEUSCH (WILLELM DE)

Né en 1638, mort en 1712.

90 — Paysage.

H. 24 c. L. 34 c.

## HEYDEN (VAN DER)

(Né en 1637, mort en 1712. — École hollandaise.)

91 — Petit Paysage.

Deux légers balivaux se détachent sur un ciel aux teintes suaves d'un soleil couchant prêt à s'éteindre.

H. 27 c. L. 30 c.

## HOBBEMA (MEINDERT OU MENDER-HOUT)

(Florissait en 1643, vivait encore en 1669. — École hollandaise.)

92 — Grand paysage.

Belle campagne ouverte devant le spectateur. Un pont et une maison vers la gauche. Effets d'arbres très-vigoureux.

H. 92 c. L. 110 c.

## HOLBEIN LE JEUNE (Hans)

(Né en 1498, mort en 1554. — École allemande.)

93 — Petit Portrait de Luther (cuivre.)

H. 17 c. L. 14 c.

## HUYSMANS (Cornélis),

## Surnommé HUYSMANS DE MALINES

(Né en 1648, mort en 1727. — École flamande.)

94 — Paysage.

H. 52 c. L. 61 c.

## JANSSENS (Victor-Honoré)

(Né en 1664, mort en 1739. — École flamande.)

95 — Scène de repas.

Réunion de personnages, costumes curieux, vigueur et piquant de touche.

H. 56 c. L. 80 c.

96 — Scène de jen qui semble faire pendant au précédent.

Même mérite.

H. 56 c. L. 80 c.

97 — Intérieur hollandais.

Tableau dit le Danseur. Cette réunion, dans une assemblée en costumes hollandais, est à la fois curieuse comme costumes typiques et du temps, et charmante de composition.

H. 83 c. L. 1 m. 40 c.

## LINGELBACH (Johannes)

(Né en 1625, mort en 1687. — École hollandaise.)

98 — Paysage ; Temple à droite.

Dessous d'arbres bien fouillé, touche vive et brillante à la fois dans les personnages et dans le paysage.

H. 50 c. L. 68 c.

## MIEL (JAN)

(Né en 1599, mort en 1664. — École flamande.)

99 — Une Auberge : Halte de mulets et leurs Conducteurs.

H. 40 c. L. 49 c.

## MIEL (Attribué à JAN)

100 — Un Chasseur tenant du gibier le montre à une femme qui l'attend à sa porte.

Le nom de Jan Miel paraît écrit derrière ce petit tableau.

H. 13 c. L. 10 c.

## MIEL (Copie de JAN)

101 — Grand Paysage.

H. 66 c. L. 84 c.

## MOOR ou MORE (ANTONIS)

(Né en 1525, mort en 1581. — École hollandaise.)

102 — Portrait de la reine Élisabeth d'Angleterre.

La dernière souveraine de la race Tudor est représentée ici encore jeune. La plupart des portraits connus de cette princesse sont plus âgés. Le caractère prononcé et sévère de l'expression de la tête est frappant et caractéristique. C'est bien là la femme qui sacrifiera sa rivale, qui signera l'arrêt de mort de Marie Stuart. *The Queen Virgin*, comme la nomment les historiens anglais, aimait à faire briller l'éclat de sa couronne par la richesse excessive de son costume et des pierreries qu'elle portait. Cette pièce est très-curieuse et rare.

H. 1 m. L. 71 c.

## MOUCHERON (FRÉDÉRICK)

(Né en 1632 ou 1633, mort en 1686. — École hollandaise.)

103 — Jésus et le Centenier.

H. 38 c. L. 59 c.

## NEEFS (Peter)

(Né en 1570, mort en 1621. — École flamande.)

104 — Grande Église.

Plus important morceau qu'on n'en rencontre généralement de ce maître. Cet intérieur d'édifice est parfaitement rendu pour l'ensemble et pour les détails. Belle page.

H. 1 m. L. m. 35 c.

105 — Église.

Intérieur peint avec une finesse de détails remarquable.

H. 20 c. L. 30 c.

106 — Décoration en marbre rouge, d'une Salle composée de colonnes, d'arcades et de sujets mythologiques.

La destination paraît être d'orner les magnifiques jardins d'une maison royale. Les personnages appartiennent au temps de Louis XIII.

## NETSCHER (Gaspard)

(Né en 1639, mort en 1684. — École hollandaise.)

107 — Une Dame passe un peigne dans les cheveux d'un petit Garçon.

Très-fin.

H. 45 c. L. 36 c.

## OMMEGANCK (Balthasar-Paul)

(Né en 1744, mort en 1826. — École flamande.)

108 — La Pêche ; soleil levant.

Un homme, descendu dans l'eau qui lui monte jusqu'aux genoux, tient une ligne; sur la berge, à côté, deux femmes gardent des animaux. Dans un plan plus éloigné, un pont sur lequel passent des vaches.

H. 53 c. L. 42 c.

109 — Un Ane et deux Moutons.

Ces animaux sont peints avec une remarquable vérité. C'est la nature même qu'on voit devant ses yeux.

H. 32 c. L. 39 c.

## OSTADE (Adrian van)

(Né en 1610, mort en 1685. — École hollandaise.)

**110 — Village au crépuscule ; scène du soir.**

Maisons éclairées par des lumières intérieures; personnages. Effet vaporeux, doux, mystérieux.

H. 60 c. L. 48 c.

**111 — Buveurs.**

Ce tableau, plein de justesse et de finesse d'expression, rend bien le sujet qu'il représente; peinture brillante et pure. (Il a son pendant qui est le n° 112.)

H. 22 c. L. 30 c.

## OSTADE (Isaak)

(Né en 1613, mort en 1654. — École hollandaise.)

**112 — Le Pédicure. Pendant du n° 111.**

Les qualités des deux tableaux sont analogues. Ils sont signés et du meilleur temps des maîtres qui semblent s'être amusés à mettre ainsi leurs ouvrages en regard.

H. 22 c. L. 30 c.

**113 — Le Tailleur de plumes.**

Peinture exacte et soignée.

H. 31 c. L. 24 c.

## PALAMÈDES

(Vivait au XVII^e siècle. — École flamande.)

**114 — Épisode de la guerre.**

Des paysans éplorés se jettent au pieds de gens de gens de guerre qui viennent d'entrer dans leur maison pour la piller.

H. 42 c. L. 37 c.

## POEL (EGBERT VAN DEN)

(Né en 1654, mort en 1690. — École hollandaise.)

**115** — Contrebandiers.

Ce petit tableau représente les eaux calmes d'un lac où la lune se reflète. On voit sur le côté un feu pétillant qu'ont allumé les contrebandiers qui se chauffent.

H. 23 c. L. 30 c.

## POLIDOR (JOHANNES GLOBERT, dit)

(Né en 1646, mort en 1726. — École hollandaise.)

**116** — Saint Paul-Hermite visitant saint Antoine dans sa solitude.

Le corbeau apporte le pain qui doit servir de nourriture aux deux serviteurs de Dieu.

H. 45 c. L. 58 c.

## PORBUS LE JEUNE (FRANZ)

(Né en 1570, mort en 1622. — École flamande.)

**117** — Portrait de Gabrielle d'Estrées duchesse de Beaufort.

Cette femme célèbre est ici dans toute sa beauté. La peinture est parfaite de conservation et d'exécution.

H. 80 c. L. 62 c.

**118** — Portrait du duc d'Albe.

La vérité et la vigueur du coloris aussi bien que la scrupuleuse précision du travail font de ce tableau un remarquable portrait historique.

H. 76 c. L. 60 c.

## POTTER (Attribué à PAULUS)

(Né en 1625, mort en 1654. — École hollandaise.)

**119** — Animaux et Bergers.

Bel effet de lumière. Nul n'a surpassé Paul Potter dans l'exécution des animaux ; ceux de ce tableau sont, à peu de différence près, la répétition des ceux de l'un des ouvrages de ce maître que possède le musée français. Mais l'ensemble des deux tableaux est assez différent. L'effet de jour et les personnages qui n'existent point dans le tableau du Musée.

H. 65 c. L. 73 c.

## REMBRANDT (Van Ryn)

(Né en 1608, mort en 1669. — École hollandaise.)

**120** — Adoration des Bergers.

Page étendue. Les figures se détachent sur le fond très-sombre, une gloire entoure la tête de l'Enfant Jésus. Ce tableau curieux est d'une grande puissance de coloris. Les ombres toutefois sont tellement vigoureuses que les demi-teintes disparaissent peut-être trop, et que l'on perd une partie des détails de cette composition.

H. 1 m. 20 c. L. 1 m. 70 c.

## RUBENS (Peter-Paul)

(Né en 1577, mort en 1640. — École flamande.)

**121** — Portrait d'Homme vêtu de noir et nu-tête.

La vie, la pensée forte et profonde sont dans les yeux, dans l'expression de ces lèvres minces et serrées. Ce tableau retrace certainement les traits d'un homme d'une intelligence très-supérieure et est probablement un portrait historique. Quelques personnes croient que c'est celui du vicomte de Rohan, gendre de Sully, qui fut chef du parti des protestants sous le règne de Louis XIII.

H. 60 c., L. 49 c.

**122** — Diogène cherchant un homme.

Figures d'une vérité frappante. La vie respire en elles : elles vont parler. Coloris bien conservé. Le Musée possède un tableau sur le même sujet qui a été successivement attribué à Jordaens et à Rubens. Mais la composition est absolument différente. Il s'y trouve un nègre et des femmes.

H. 84 c., L. 1 m. 5 c.

## RUYSDAEL (Jakob)

(Né en 1630, mort en 1681. — École hollandaise.)

**123** — Paysage. Rochers à gauche au bord d'une rivière.

Il n'y a que cela, rien que cela ; mais sous les mains habiles, il sort de rien un ouvrage excellent. Ce calme et cette paix dans le site, et surtout dans les tons et la couleur, rendent ce petit morceau digne de fixer l'attention.

H. 32 c. L. 40 c.

## RUYSDAEL (Salomon)

(Né vers 1610, mort en 1670. — École hollandaise.)

124 — Un Paysage montagneux.

H. 44 c. L. 72 c.

## SCHALKEN (Coltfried)

(Né en 1643, mort en 1706. — Ecole hollandaise.)

125 — Une Femme éclairée par une lanterne qu'elle tient à la main.

On sait que Schaken excellait dans ces effets de lumière qu'il reproduisait de préférence.

H. 45 c. L. 37 c.

126 — Les Grimaciers. Un homme et une femme mangeant du fromage.

L'étrangeté de ce tableau en fait le mérite. Rien n'est aussi bizarre, n aussi plus piquant. Il est difficile de con:enir le rire devant cette charge produite avec un si singulier talent.

H. 47 c. L. 56 c.

## SCHOLANUS

(Né . — École .)

127 — Nature morte : légumes, choux, oiseaux.

H. 50 c. L. 65 c.

## TÉNIERS (David)

(Né en 1610, mort en 1694. — École flamande).

128 — Les Moissonneurs.

Le Catalogue portait : *Premier tableau de Téniers.* Ce tableau, qui présente toute la vérité et la naïveté de la nature, est des plus simples en composition. C'est bien celui d'un jeune artiste ; mais on y trouve déjà la touche du maître. Les propriétaires du château se promènent au milieu d'un champ de blé, surveillant leurs moissonneurs.

H. 32 c. L. 49 c.

## TÉNIERS (École de)

**129 — Jésus et deux disciples.**

La figure du Christ est noble; celles disciples, d'un style moins élevé, ont beaucoup de vérité.

H. 58 c. L. 61 c.

## TÉNIERS (D'après David)

**130 — Scène familière dans une cuisine hollandaise.**

Un homme âgé fait la cour à une jeune femme assise à table avec lui. Elle paraît hésiter; l'on aperçoit à une fenêtre une vieille femme qui les épie avec une grimace de colère, sans être vue par eux. Cette copie est faite avec beaucoup de talent, l'expression parfaitement rendue des trois personnages en font une ouvrage d'un mérite réel.

H. 46 c. L. 57 c.

**131 — Danse de village.**

Dans l'original de ce charmant tableau, Téniers a excellé à rendre le naturel des attitudes, les expressions si franchement gaies des physionomies avec toute la spirituelle légéreté de sa touche. Cette copie, ainsi que celle du numéro suivant, sont d'une touche très-fine et faites avec un talent incontestable. Le nom de l'artiste à qui elles sont dues toutes deux nous est inconnu.

H. 63 c. L. 86 c.

**132 — La Tentation de saint Antoine.**

Ce sujet, traité à la hollandaise par Téniers, présente un caractère fort original et singulièrement piquant.

H. 62 c. L. 49 c.

**133 — Un Fumeur avec une grande pipe.**

## TERBURG (Gérard)

(Né en 1608, mort en 1681. — École hollandaise.)

**134 — La Bonne Aventure.**

On peut admirer l'"extrême finesse de l'expression et de la touche. La jeune femme, surtout, à qui on dit sa bonne aventure, est le type de la délicatesse.

H. 50 c. L. 42 c.

## VELDE (Villem van den)

(Né en 1633, mort en 1707. — École hollandaise.)

135 — Une Marine.

La mer est légèrement agitée. Aucune scène particulière ne vient animer le sujet; mais tout est vrai et doit charmer l'œil du marin. Les tableaux de Van den Velde n'ont pas besoin d'autre éloge que de sortir de sa main.

H. 72 c. L. 64 c.

136 — Marine.

Un vaisseau battu par les flots lutte contre la mauvaise mer. Cette tempête est rendue avec la plus grande vérité.

H. 39 c. L. 53 c.

137 — Petite Marine. Effet de clair-obscur causé par un grain à la mer.

Il y a une grande finesse dans les figures et détails. Le coup de lumière est bien saisi.

H. 35 c. L. 47 c.

## WILDENS (John)

(Né . — École .

138 — Le petit Enfant Jésus et saint Jean assis sur les nuages entourés d'une couronne de fleurs, des roses, des œillets, des tulipes.

La finesse des fleurs de ce tableau est extrême. Les petits personnages sont pleins de gentillesse et de grâce. L'on voit aussi les têtes de deux chérubins au haut du tableau.

H. 45 c. L. 35 c.

## WYNANTZ (Jan)

(Né vers 1600, mort après 1677. — École hollandaise.)

139 — Grand Paysage.

Beau groupe d'arbres, à droite. Au milieu du tableau, vaste et riche campagne : fidélité extrême dans l'imitation de la nature.

H. 69 c. L. 80 c.

## WYNANTZ (Jan)

140 — Paysage. Un pont et une tour s'y font remarquer.

Couleur très-harmonieuse et douce.

H. 31 c. L. 38 c.

## WOUWERMANS (Philipps)

(Né en 1620, mort en 1668. — École hollandaise.)

141 — Bataille.

Brillant de couleur, mouvement, expression : ce beau morceau peut être comparé aux tableaux de combats du même maître que possède le Musée français.

H. 46 c. L. 72 c.

142 — Une Dame à cheval vêtue de rouge.

Elle est au moment de sortir pour la promenade.

H 22 c. L. 27 c.

143 — Scène devant une ferme.

Nombreux personnages, rare finesse de touche qui est infiniment délicate.

H. 25 c. L. 34 c.

# ÉCOLE FRANÇAISE

## BOUCHER (François)

(Né en 1704, mort en 1760.)

**144** — Portrait de Mme Saint-Huberti, célèbre cantatrice de l'Opéra-Français.

C'est un des plus parfaits sortis de l'élégante main de Boucher. Il est d'une peinture intacte.

H. 1 m. L. 74 c.

**145** — Amours jouant avec une chèvre.

Peinture d'un seul ton violacé dans le genre d'une grisaille. Fait de rien et bien touché.

**146** — L'Amour blesse de son dard un autre Amour avec lequel il se joue.

On peut supposer que Boucher a voulu représenter les deux sexes dans ces deux enfants. Ce tableau, plein de grâce, est du meilleur faire du maître.

H. 60 c. L. 75 c.

**147** — Trois Enfants faisant de la musique.

Peinture naive et qui rappelle les costumes du temps.

H. 62 c. L. 49 c.

**148** — Vénus et l'Amour

Tableau de petite dimension. Vénus, mollement couchée sur l'herbe, caresse l'Amour en plaçant sa main sous son menton. Cette pose est tout à fait naturelle.

H. 43 c. L. 50 c.

## BOURDON (Sébastien)

(Né en 1616, mort en 1671)

149 — Sainte Famille.

Des anges présentent à l'Enfant Jésus les instruments de la Passion. Il règne dans ce tableau un sentiment mystérieux des douleurs et des gloires qui s'attachent à la vie future de Jésus-Christ.

H. 56 c. L. 72 c.

## BOURGUIGNON (Jacques-Courtois, dit le)

(Né en 1621, mort en 1676.)

150 — Combat de cavalerie.

H. 57 c. L. 63 c.

## BRUANDET

(On ignore la date de sa naissance, mort en 1803.)

151 — Paysage. Un Ermite et sa cabane sur le côté, sous les arbres, à gauche. A droite, un beau site se déploie.

Ce petit tableau a été visiblement très-fatigué.

H. 25 c. L. 33 c.

152 — Eclaircie au milieu des bois sur le bord d'un cours d'eau.

H. 47 c. L. 57 c.

## BRUN (Charles)

(Né en 1619, mort en 1690.)

153 — Le Triomphe d'Hercule. Apothéose. Forme ovale.

Esquisse; tableau premier original du plafond de Versailles. On remarque la verve et la pureté de dessin de cette peinture. Premier jet de la pensée de ce plafond, cette toile d'inspiration est elle-même un beau tableau.

H. 1 m. 20 c. L. 80 c.

## CHARDIN (Jean-Baptiste-Siméon)

(Né en 1699, mort en 1779.)

154 — La Réprimande.

Les attitudes tant de la femme que de l'enfant qu'elle corrige, sont d'une simplicité toute naturelle. Sujet bien rendu et gracieux.

H. 61 c. L. 56 c.

## CLOUET (François, dit Jehannet)

(Né en 1500, mort en 1572.)

155 — Portrait de la duchesse d'Étampes, maîtresse de François Ier.

La tête est belle et bien connue. Le riche costume sur fond rouge est couvert d'ornements et caractérise l'époque somptueuse à laquelle il appartient.

H. 78 c. L. 65 c.

## COIGNET (Jules)

(Né .)

156 — Étude d'un grand Chêne.

Ce tableau moderne, qui n'est presque qu'une ébauche, est peint si franchement et si largement qu'il peut servir de modèle à présenter pour l'étude.

H. 43 c. L. 56 c.

## COYPEL (Antoine)

(Né en 1661, mort en 1722.)

157 — Le Sacrifice d'Iphigénie.

Première pensée, esquisse du grand tableau.

H. 64 c. L. 81 c.

## FRAGONARD

(Né en 1732, mort en 1806.)

**158** — Psyché et la Vieille.

Dans un intérieur du style grec, on voit Psyché assise, tandis que la vieille détourne son attention par le récit qu'elle lui fait. A droite, à quelque distance, l'Amour observe sans que Psyché l'aperçoive.

H. 48 c. L. 58 c.

## GELÉE (CLAUDE)

(Né en 1600, mort en 1675.)

**159** — Paysage.

Ce beau paysage de Claude Lorrain, où se développe une brillante nature en toute sa splendeur, présente un groupe de grands arbres à droite; d'autres à gauche moins importants. Le centre semble s'ouvrir pour laisser voir l'eau et de beaux lointains. Sur le devant, il y a quelquespersonnages. L'ingénuité des tons montre que l'on a évité de les altérer par ces glacis factices dont on abuse tant aujourd'hui.

H. 62 c. L 70 c.

**160** — Paysage, moins grand que le précédent.

Il ne lui est pas inférieur: un chemin ombragé, de grands arbres à droite, de hautes collines descendent sur le bord d'un petit lac. Ce tableau est d'une grande suavité du pinceau et dans l'harmonie des teintes.

H. 40 c. L. 58 c.

## GÉRICAULT (JEAN-LOUIS-ANDRÉ-THÉODORE)

(Né en 1791, mort en 1824.

**161** — Voyage dans les steppes de Russie, pendant d'hiver.

Les chevaux emportés sont au moment de briser la voiture. La terreur et un frisson glacial sont peints à la fois sur le visage décomposé du voyageur. Quelle vie dans les yeux étincelants de ces chevaux, quelle vigueur dans leurs mouvements! Ce petit tableau est un poème en raccourci que l'on peut dire n'être pas indigne du dramaturge de la Méduse. Au milieu de son talent si sévère, Géricault aimait à se délasser à quelques peintures de la vie familière, à se reposer des émotions de son propre talent, et là même éclatent encore les éclairs de son fougueux génie.

H. 30 c. L. 40 c.

## GÉRICAULT (Jean-Louis-André-Théodore)

**162** — Voyage d'été en Russie. Pendant du précédent.

Il ne lui est pas inférieur. Les mêmes qualités s'y distinguent.

H. 30 c. L. 40 c.

## GIRODET (Anne-Louis, de Roucy Trioson)

(Né en 1767, mort en 1824.)

**163** — La Sorcière.

Cette tête n'est certainement qu'une ébauche; mais c'est celle qui a été tracée en quelques coups de pinceau par le génie puissant d'un de nos plus grands peintres. Dans une tragédie imparfaite du grand Corneille, la postérité conserve un mot célèbre, le *moi* de Médée. De même ici, dans une ébauche inachevée, la grandeur et la fermeté de l'expression frappent, étonnent et se font admirer.

H. 66 c. L. 59 c.

## GREUZE (Jean-Baptiste)

(Né en 1725, mort en 1805.)

**164** — Jeune Fille.

Un fichu de couleur lui couvre à moitié le sein, elle baisse les yeux ; ce ce tableau respire la modestie et la grâce.

H. 43 c. L. 37 c.

**165** — Tête d'Enfant.

Cette peinture naïve et fruste est brillante de lumière et de vérité.

H. 37 c. L. 30 e.

**166** — Jeune adolescent s'appuyant sur ses mains, vêtu d'une robe rouge.

L'attitude est pleine d'une gracieuse nonchalance.

H. 57 c. L. 39 c.

## GREUZE (Jean-Baptiste)

**167 — La Travailleuse.**

La simplicité de cette figure la rend très-séduisante.

H. 83 c. L. 63 c.

## GREUZE (École de)

**168 — Tête d'Étude.**

Cette tête, fort belle, frappe par la couleur si fraîche et si brillante du pinceau. On croit qu'elle doit être attribuée à Mlle le Doux, artiste certainement très-distinguée.

H. 43 c. L. 38 c.

**169 — Tête d'Étude.**

La figure est penchée et les cheveux bruns tombant sur le cou.

H. 48 c. L. 40 c.

## GUDIN

**170 — Marine.**

Les vagues d'une mer orageuse viennent se briser en écume contre des rochers. On aperçoit sur leur sommet un château en ruine.

H. 62 c. L. 75 c.

## LACROIX

**171 — Marine éclairée aux lueurs vaporeuses d'un soleil qui s'abaisse.**

H. 36 c. L. 51 c.

**172 — Marine. Bel effet de mer.**

H. 66 c. L. 82 c.

## LANCRET (Nicolas)

(Né en 1690, mort en 1743.)

**173** — Trois Enfants jouant aux boules; costumes Louis XV.

Il y a une grande gentillesse dans cette petite scène, et dans les expressions des figures.

H. 42 c. L. 56 c.

**174** — Scène dans un paysage.

Personnages livrés à divers délassements.

H. 96 c. L. 1 m. 51 c.

**175** — L'Incertitude.

Ce tableau présente une jeune femme à qui un jeune homme vient de faire une déclaration. Elle paraît hésiter dans la réponse qu'elle va lui faire, soit que son cœur soit incertain, soit que la coquette se plaise à le faire languir.

H. 50 c. L. 60 c.

## LANTARA (Simon-Mathurin)

(Né en 1729, mort en 1778.)

**176** — Paysage.

Site mouvementé, grand rocher.

H. 76 c. L. 96 c.

## LARGILLIÈRE (Nicolas)

(Né en 1656, mort en 1740.)

**177** — Portrait d'une jeune Personne.

Elle tient une petite perruche sur la main. Ce portrait est d'une conservation aussi pure et aussi franche que si elle sortait de l'atelier du peintre.

H. 84 c. L. 62 c.

## LOO (Jean-Baptiste van)

(Né en 1684, mort en 1745.)

178 — Portrait d'une Dame tenant un chien.

Vêtement de damas jaune et manteau bleu.

H. 80 c. L. 64 c.

## LOO (Charles-André, dit Carle)

(Né en 1695, mort en 1765.)

179 — Portrait de Marie Leczinska, reine de rance, fille du roi de Pologne et femme de Louis XV.

H. 80 c. L. 62 c.

## MARNE (Jean-Louis de)

(Né en 1744, mort en 1829.)

180 — Un Paysan et une Paysanne se parlant d'amour.

Comme dans plusieurs compositions de De Marne, la nature est prise sur le fait. Tableau semi-comique.

H. 45 c. L. 55 c.

## MICHALLON (Achille-Etna)

(Né en 1796, mort en 1822.)

181 — Cavalier au couvent.

Tableau agréable d'expression, bien que l'exactitude des costumes ne soit pas parfaite à une époque où on ne s'était pas autant attaché aux études historiques à cet égard. Le sujet est facile à interpréter : ce cavalier revient de ses campagnes trop tard ; la jeune fille est engagée. Toutefois on lui permet de la revoir et de lui dire un dernier adieu. Cette scène touchante est bien rendue et laisse une impression de douce tristesse.

H. 45 c. L. 37 c.

## MIGNARD (PIERRE)

(Né en 1616, mort en 1695.)

182 — Louis XIV enfant.

Il est assis, en petite chemise, la couronne sur la tête, appuyé sur le globe de l'empire et tenant dans sa main comme un sceptre une branche de lis. Dans ce tableau d'une charmante originalité, il semble que Mignard ait entrevu la majesté future du grand roi déjà empreinte sur les traits d'enfant de cette belle petite figure.

H. 58 c. L. 70 c.

183 — Portrait d'une Princesse vêtue de rouge.

La pose est noble et le costume plein d'élégance. La qualité de la peinture excellente et intacte. L'on croit que c'est le portrait de Marie de Gonzague, reine de Pologne.

H. 96 c. L. 74 c.

184 — Portrait de Molière.

H. 80 c. L. 66 c.

185 — Sainte Famille.

Le talent doux et gracieux de Mignard se retrouve dans cette composition. Ce tableau, qui sans doute a eu à souffrir plusieurs vicissitudes, avait éprouvé les effets du vandalisme le plus inintelligent. Pour cacher quelques légères altérations causées par le temps, on avait couvert par des draperies la partie d'en bas de la figure de la Vierge, qu'il a fallu réintégrer. Heureusement tout s'est enlevé facilement, et la peinture a été retrouvée intacte dessous.

H. 1 m. 12 c. L. 86 c.

186 — Esquisse du tableau de la Visitation.

Mignard, en faisant ce premier motif de son grand tableau si admirable d'expression, y avait déjà jeté la beauté de sentiment qui s'y fait remarquer.

H. 53 c. L. 43 c.

## PATEL, LE PÈRE

(Né au commencement du XVII^e siècle, mort en 1676.)

187 — Paysage orné d'un temple.

H. 25 c. L. 31 c.

## PATEL, LE FILS

188 — Un petit Paysage.

H. 15 c. L. 21 c.

189 — Second petit Paysage. Pendant du précédent.

L'harmonie des tons de ces petits morceaux est fort agréable.

H. 15 c. L. 21 c.

## POLIGNY

190 — Paysage. Un obélisque est le principal objet.

Les ouvrages de Poligny sont rares. Ce tableau est d'une bonne touche.

H. 60 c. L. 74 c.

## POUSSIN (NICOLAS)

(Né en 1594, mort en 1665.)

191 — Diane et ses nymphes.

Ce sujet mythologique est traité avec le charme que le Poussin savait donner aux scènes gracieuses et pastorales, lorsqu'il quittait le genre pathétique.

H. 80 c. L. 1 m.

## RIGAUD (HYACINTHE)

(Né en 1659, mort en 1743.)

192 — Portrait du maréchal de Villars.

Peinture intacte et brillante digne du maître. Ce type, plus jeune que les portraits les plus connus de Villars, est intéressant sous ce rapport.

H. 82 c. L. 63 c.

## RIGAUD (HYACINTHE)

193 — Portrait d'une jeune Dame de la cour.

La tête est fraîche et suave. Le costume a des tons d'une laque vigoureuse qui font une heureuse opposition aux chairs.

H. 72 c. L. 60 c.

## ROBERT (HUBERT)

(Né en 1733, mort en 1808.)

194 — Incendie.

Des maisons placées au bord d'un grand cours d'eau sont en flamme. La réflexion des lueurs rouges de l'embrasement dans l'eau produit un effet remarquable que le peintre a su choisir, soit que nous supposions une création idéale de sa pensée, soit qu'il en ait réellement eu le spectacle sous les yeux.

H. 63 c. L. 50 c.

## SAINT-JEAN

(Né en , mort en 1864.)

195 — Un petit Tableau de Fleurs.

Fraîcheur et pureté de ton.

H. 27 c. L. 21 c.

196 — Un second petit Tableau de Fleurs. Pendant du précédent.

Même qualité.

H. 27 c. L. 21 c.

## STELLA (JACQUES)

(Né en 1596, mort en 1657.)

197 — Jésus et la Samaritaine.

Petit tableau sur cuivre. Les figures sont très-fines et le paysage bien touché.

H. 13 c. L. 18 c.

## TAUNAY (NICOLAS-ANTOINE)

(Né en 1755, mort en 1830.)

198 — Paysage.

Une paysanne et une chèvre sous des arbres, sur le devant; à droite, vaste campagne, site charmant, plein de lumière et d'air. Finesse et excellente qualité de peinture.

H. 27 c. L. 27 c.

## TAUNAY (NICOLAS-ANTOINE)

199 — Paysage.

On voit la statue d'un saint dans une niche pratiquée dans le rocher. Groupe de personnages; tableau de tons chauds et harmonieux.

H. 56 c. L. 47 c.

200 — Paysage. Gorge de montagnes et torrent.

Peinture fine. L'air semble respirer pur et léger à travers ces rochers et cette cascade. — Est-ce un site que Taunay aurait rapporté de son voyage à Rio-Janeiro? Cela peut être.

H. 25 c. L. 17 c.

## THÉOLON (ÉTIENNE)

(Né en 1739, mort en 1780.)

201 — Marine-paysage.

Ce petit tableau, fort bien fait, est surtout remarquable par ses personnages traités avec un scrupule anatomique, beaucoup de pureté et de soin.

H. 31 c. L. 41 c.

## TANELLY

(Il vivait en 1806; mort .)

202 — La Déclaration.

Joli petit tableau; gracieuse composition et couleur très-harmonieuse. Il est signé : Tanelly, 1806.

H. 40 c. L. 33 c.

## VALLIN

203 — Une Bacchante.

Le commencement du sommeil de l'ivresse est rendu avec un grand talent. La couleur et le faire de cette figure sont fort beaux.

H. 75 c. L. 60 c.

## VERNET (Joseph)

(Né en 1714, mort en 1789.)

204 — Marine. Pêcheurs au bord de la mer.

On voit un temple en ruine sur une langue de terre au milieu du tableau. Rochers, personnages, etc. Le ciel est plein de vapeurs et se reflète dans les eaux. La mer est éclairée par les premières lumières du jour. La pureté de l'air ne comporte pas les brumes chargées du soir, mais les douces et limpides vapeurs de l'atmosphère au soleil matinal.

H. 80 c. L. 72 c.

205 — Une Barque qui chavire.

Dans les compositions de Joseph Vernet, on sent le poète autant que le peintre. L'expression de la femme qui voit son mari près d'être englouti, luttant en vain contre la force des vagues, est aussi simple et aussi vraie que pathétique. Le spectateur croit assister lui-même cette scène de désolation.

H. 65 c. L. 84 c.

206 — Paysage. Un chemin passe sous la voûte d'un rocher.

Ce tableau est composé avec esprit et entente comme tout ce qui sort de la main de Joseph Vernet.

H. 46 c. L. 37 c.

## VOUET (Simon)

(Né en 1590, mort en 1649.)

207 — La Vierge, l'Enfant Jésus et le petit saint Jean.

Grand médaillon peint sur parchemin. Peinture intéressante pour l'art et pour rappeler le genre des peintures et miniatures de cette époque.

H. 26 c. L. 20 c.

## WATTEAU (Antoine)

(Né en 1684, mort en 1721.)

208 — Ballerine peinte sur coutil.

Cette figure animée et théâtrale est accompagnée de deux autres figures ouant des instruments.

H. 93 c. L. 72 c.

## WATTEAU (Antoine)

**209** — Scène champêtre.

Ce tableau, embelli de nombreux personnages, est agréable de composition et d'un beau coloris. Une femme tient la main d'une jeune fille à qui elle paraît dire sa bonne aventure.

H. 60 c. L. 70 c.

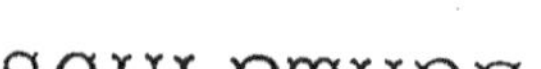

# SCULPTURE

## PRADIER

### Groupe de l'Amour & Psyché.

(*Dernier ouvrage de Pradier auquel il travaillait encore lorqu'il mourut*)

Parmi les statuaires contemporains, Pradier est celui qui s'est le plus inspiré de l'antique, et qui en rappelle davantage dans ses ouvrages les sages beautés. Cette dernière conception de sa pensée est un groupe de petite dimension. La composition en est très-gracieuse; mais c'est dans l'expression de ces deux figures si simples que se révèle toute la supériorité du talent de Pradier, et l'élévation de pensée avec laquelle il a su concevoir un sujet tant de fois abordé par d'autres artistes éminents. On sent sous la pression de la main de Psyché qu'elle est soulevée par le battement de son cœur, tandis que la gravité de sa tête est admirable de pureté et de dignité. Ce qu'elle éprouve est une émotion immense, mais non agitée : elle consent, comme avec un irrésistible sentiment d'obéissance.

La tête de l'Amour est peut-être encore plus remarquable : il y a dans cette figure un contraste qu'on est étonné que le marbre ait pu rendre. Elle respire un mélange, qui semble inconciliable, d'audace et de respect. Ce regard impérieux est bien celui de l'Amour tout humain enivré de passion; mais c'est en même temps le rayon pénétrant du dieu qui descend en maître au fond de l'âme de la belle Psyché. Il scrute avec jalousie son trouble timide à peine compris d'elle-même. Il contemple, ravi, sa spiritualité.



Renou et Maulde, imprimeurs de la Compagnie des Commissaires-Priseurs, rue de Rivoli, 144. 51671

www.ingramcontent.com/pod-product-compliance
Lightning Source LLC
LaVergne TN
LVHW012009160826
845678LV00002B/742

* 9 7 8 2 3 2 9 6 6 5 0 8 5 *